KB139022

이서윤 쌤의 아이 스스로 하는
초등 입학 준비

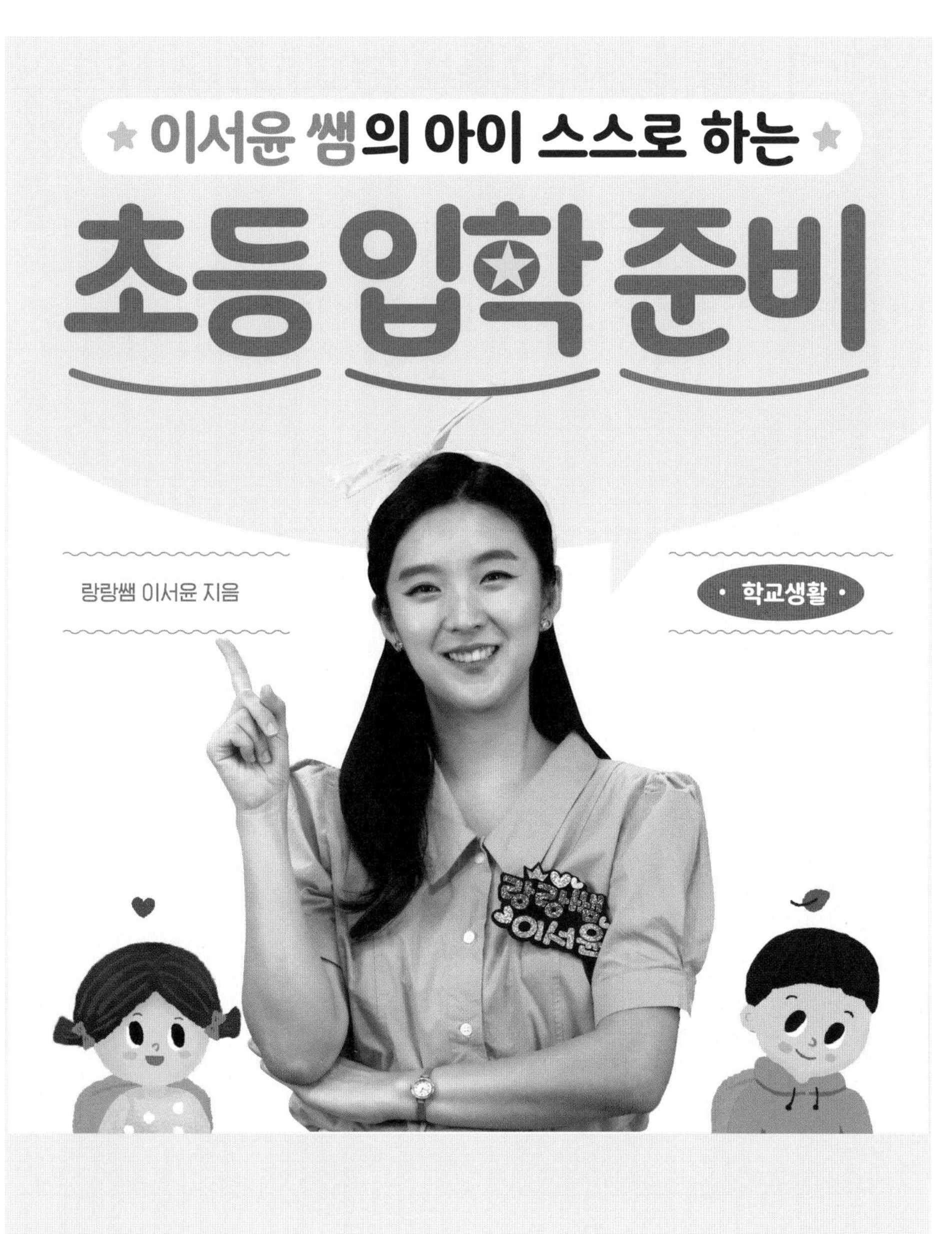
이서윤 쌤의 아이 스스로 하는
초등입학준비
랑랑쌤 이서윤 지음
학교생활
랑랑쌤
이서윤

글담출판

아이의 초등 입학 준비를 시작하는 부모님들에게

안녕하세요. 초등 교사 이서윤입니다. 아이의 초등 입학을 축하드립니다. 그동안 고생 많으셨습니다. 우리 아이가 드디어 초등학생이 된다니, 기특하고 뿌듯하실 텐데요. 그런 마음 한편으로는 부모의 손길이 더 많이 필요하다는 초등학교 1학년이기에 불안한 마음과 걱정도 앞서실 것 같습니다. 저 역시 아이의 입학을 앞두고 있어 이 책을 읽고 계실 부모님들의 마음이 절절히 느껴집니다. 현직 교사일지라도 아이의 입학 앞에서 긴장되는 건 똑같은 것 같습니다.

부모님께서 불안함을 느낀다는 것은 아이가 성장할 수 있는 시기가 왔다는 뜻입니다. 저는 불안한 마음이 들 때면 공부를 하는데요. 물론 공부하고 계획한다고 해서 불안감이 다 사라지는 것도 아니고 모든 것을 대비할 수 있는 것도 아니지만 조금이라도 안심하며 준비할 수 있습니다.

우리 아이들이 첫발을 즐겁고 성공적으로 내딛을 수 있도록 미리 알아보고 익혀 두면 좋은 학교생활 정보를 이 책에 담았습니다. 아이 혼자서도 충분히 익히고 준비할 수 있도록 구성하였습니다. 활동 사이사이 팁을 남겨 놓았으니, 학부모님께서는 그 설명을 읽고 지도에 도움을 주시면 됩니다. 불안도가 높은 아이일수록 내가 만날 새로운 상황에 대해 예측할 수 있도록 도와주시는 것이 좋습니다. 다음 사항에 유의하면서 초등학교 입학을 준비해 보세요!

초등학생이 된다는 게
얼마나 신나고 기대되는 일인지 이야기해 주세요

곧 입학인데 여전히 아이가 서툴고 어설픈 행동을 보이면 부모님들은 걱정이 앞섭니다. 이제 곧 초등학생인데, 학교에 가서 잘할 수 있을지 염려됩니다. 그러다 보니 “이제 유치원생이 아니야. 초등학생이라고! 초등학교는 선생님이 얼마나 무서운지 알아? 유치원하고 달라!” 하면서 겁을 주게 됩니다. 혹은 “초등학생 되면 이것도 할 수 있어야 하고, 저것도 할 수 있어야 해. 할 수 있겠어?” 하며 불안한 마음을 전달하게 됩니다. 이런 이야기를 들은 아이들은 점점 더 학교라는 곳이 무서워지고 두려워집니다. 오히려 역효과가 생깁니다. 무심코 튀어나오려는 마음을 잘 숨기고 초등학교 입학이 얼마나 신나고 기대되는 일인지 이야기해 주셨으면 좋겠습니다. 초등학생이 되고 나서 펼쳐질 즐거운 일들을 이야기해 주세요.

“새로운 친구들과 선생님을 만나는 건 정말 신나고 즐거운 일이야(기대감 심기). 물론 네가 지금 당장은 불편한 감정이 들고 힘들어하는 건 당연해. 엄마도 그랬으니까(부정적 감정 인정과 공감). 새로운 친구들과 놀면서 너랑 잘 맞는 친구를 찾아보는 거야.”

아이가 새 학기 증후군을 보일 때에는 아이 말에 더 귀를 기울여 주세요

새 학기 증후군이란 말 들어 보셨나요? 낯선 교실과 새로운 친구 등에 적응하는 과정에서 스트레스를 받는 증세를 뜻합니다. 새로운 환경에 적응하는 일은 어른들도 쉽지 않습니다. 만약 학교 가는 일에 스트레스 받아 몸이 아프다면 아이에게 어디가 어떻게 아픈지, 학교에 가기 싫다면 왜 가기 싫은지 차근히 대화를 해보세요. 아이의 투정도 조금씩 가라앉을 것입니다. 이야기를 하다 보면 불안감이 조금씩 해소되기 때문이지요. 불안함을 느끼는 아이를 보며 부모가 더 큰 불안함을 느끼는 경우가 많은데요. 쉽지 않지만 덤덤한 자세를 취해 주세요. 아이가 불안함을 느끼지 않도록 최대한 나긋한 목소리로 대화를 이끌고 따뜻한 품으로 받아 주세요.

이번에 입학하는 1학년부터 교육 과정이 바뀌어요

교육 과정이 바뀐다고 하니 어떤 부분이 바뀌게 되는지 많이들 궁금해하시고 걱정하시더라고요. 입학하는 우리 아이들에게 적용되는 변화 사항 말씀드릴게요. 2024년부터 현재 적용되고 있는 2015 개정 교육과정에서 2022 개정 교육과정으로 바뀌게 됩니다. 한꺼번에 바꾸는 것은 힘드니 2024년에 초등 1학년과 2학년, 2025년에는 3, 4학년, 2026년에는 5, 6학년까지 차근차근 적용시켜 나갑니다. 그럼 1학년은 어떤 변화를 맞게 될까요?

가장 먼저 한글 시수가 확대됩니다. 기초 문해력 및 한글 해독력 강화를 위해 국어 시수를 34시간 늘려서 한글을 익히는 시간을 확대했습니다. '안전한 생활'이라는 교과가 따로 있었는데 다른 교과와 중복되는 점이 있어 없어지고 '통합 교과(바른 생활, 슬기로운 생활, 즐거운 생활)'에 흡수됩니다. 또 아이들이 실제로 움직일 수 있는 수업 시간을 약 80시간에서 144시간으로 늘려 신체 활동을 강화합니다. 통합 교과는 바른 생활, 슬기로운 생활, 즐거운 생활의 내용이 '봄', '여름', '가을', '겨울'이라는 주제에 녹아 들어가는 형식의 교과서였는데요. 이번 개정 교육과정에서 역시 주제별 교과서라는 점은 동일합니다. 다만 그 주제는 조금 바뀔 예정인데요. 아직 새로운 교육과정이 적용된 교과서가 개발된 것은 아니지만, 한 달에 한 주제씩 공부하는 주제별 교과서로 만들어질 예정입니다. 1학년 1학기 3월은 '학교'라는 주제 속에서 학교생활에 적응할 수 있도록 도움을 줄 것으로 보입니다. 그 뒤로 '우리나라', '사람들', '우주' 등의 주제로 공부를 할 예정이지만 학교에서 자율적으로 주제를 정하고 운영할 수 있기 때문에 어떻게 교과서로 구현될지는 지켜봐야 할 것입니다. 하지만 통합교과라는 특성상 '그리기', '만들기', '놀이하기' 등의 활동이 한 주제 안에서 이루어진다는 점은 같기에 큰 걱정은 안 하셔도 됩니다.

길고 긴 40분 수업 시간이 걱정되나요?
쉽고 간단한 방법이 있어요

학교 수업 시간은 40분입니다. 아무리 초등학생에게 맞는 수업을 진행하더라도 40분 동안 앉아서 집중하기란 쉬운 일이 아닙니다.

선생님들은 여러 활동을 넣어서 주의력을 환기시키려 노력하지만, 활동적인 유치원이나 어린이집에 비해 학교 수업이 힘들고 지루할 수 있습니다. 그래서 수업 중간에 갑자기 일어서서 돌아다니거나 일부러 뒤에 있는 연필깎이로 가서 연필을 깎고 온다거나 화장실에 다녀오겠다고 하는 학생들도 꽤 많아요.

차분하게 앉아 있을 수 있다는 것은 안정된 마음을 갖고 집중할 수 있다는 의미예요. 늦잠을 자서 아침부터 허둥댔거나 아침을 먹지 못해 배가 고프다면 집중하기 힘듭니다. 일찍 자고 일찍 일어날 수 있도록 도와주세요. 또 빵이든 주먹밥이든 뭐라도 꼭 먹고 학교에 갈 수 있도록 해주세요. 입학 전 겨울방학 동안 독서를 하거나 글씨를 쓰거나 그림을 그리며 앉아 있는 연습을 해봐도 좋겠지요.

그런데 이보다 더 쉽게 아이의 수업 태도를 도와줄 수 있는 방법이 있답니다. 그것은 바로 부모님이 학교나 담임선생님에 대해 긍정적으로 말하는 것인데요. 부모의 말을 들은 아이는 자신도 모르게 학교(담임선생님)에 대해 긍정적인 시선을 갖게 되고, 자연히 선생님에게 잘 보이고 싶어집니다. 이는 고스란히 아이의 태도로 드러나 선생님 역시 더 예쁘게 바라보고 대하게 되지요. 그런 선생님의 마음을 느낀 아이는 더 잘하고 싶어집니다. 이렇듯 선순환이 이어집니다.

아이의 학교생활이 즐거워지는 기본능력,
스스로 하기를 연습해요

그 어떤 학년보다 유독 초등 1학년이 긴장되는 이유는 그동안 보육과 교육이 혼합되어 있던 기관을 떠나 본격적인 교육 기관에 몸을 담게 되기 때문일 듯한데요. 이는 아이 스스로 해내야 하는 일이 많아짐을 뜻합니다.

학교는 교육 기관이고 아이가 혼자 할 수 있는 능력을 갖춰 가야 하는 곳입니다. 선생님이 도와줄 수 있는 부분은 도와주시겠지만 혼자 할 수 있는 것은 스스로 할 수 있도록 지도할 것입니다. 따라서 가정에서는 스스로 해보는 기회를 최대한 많이 제공해 주는 것이 좋습니다. 아이가 도전해 보려고 할 때 어른의 눈에 차지 않는다고 대신 해주거나 못하게만 막는다면 배움의 기회를 빼앗게 되어요. 화장실에 가서 볼일을 보고, 닦고, 옷을 입고 씻는 것, 젓가락질을 하면서 밥을 먹는 것, 옷을 입고 벗는 것, 우산을 펴고 접는 것, 우유곽을 스스로 열어 보는 것, 기본적이지만 가장 중요한 것들입니다. 이러한 일상 활동을 잘할수록 성취감이 쌓여 아이들의 학교 적응이 빨라집니다.

아이 일은 아이 스스로 할 수 있도록 충분히 연습하고 격려해 주세요. 이를 위해 하는 방법을 먼저 보여 주세요. 조금 서툴고 오래 걸릴지라도 칭찬으로 의욕을 북돋워 주면서 이 책과 함께 연습해 보세요. 학교에서 아이들이 접하게 되는 상황들을 미리 연습하고 준비할 수 있도록 했어요.

꼭 필요한 말은 할 수 있도록
다양한 상황 장면을 통해 연습해 보세요

단체 생활에서 가장 중요한 것 중 하나는 '자기 생각을 말하는 것', '요청하는 것'입니다. 자기 생각을 잘 표현하지 못하면 아이 입장에서 억울한 일을 당할 수도 있고, 문제 상황에 처할 수도 있습니다. 여기서 자기 생각이란 주장을 잘해야 한다는 뜻이 아니라 화장실에 가고 싶거나 도움이 필요한 경우 등 꼭 필요한 말을 할 수 있어야 한다는 뜻이에요. 어른을 만나면 인사하는 것도 필요한 말이지요.

요청하는 연습은 어떻게 길러지는 것일까요? 우선 가정에서 아이가 요구하기도 전에 모든 욕구가 충족되어서는 안 됩니다. 그리고 요청했을 때 받아들여지거나 함께 협의했던 경험이 쌓여야 합니다. 물론 유독 부끄러움이 많고 말하는 것을 힘들어하는 아이들이 있습니다. 이 경우에는 어떻게 말해야 하는지 알려 주고 집에서 역할놀이하듯이 연습해 보세요. "선생님, 저 화장실에 가고 싶어요." "선생님, 질문이 있어요." 이렇게 말이죠. 물론 연습해도 잘되지 않을 수 있습니다.

꾸준한 연습으로 선생님이나 친구들에게 도움을 청하는 것을 할 수 있다면 학교생활에서 느끼는 불편함을 해소해 나갈 수 있을 것입니다. 그래서 이를 연습할 수 있도록 다양한 상황 속에서 어떻게 말해야 할지 살펴보는 활동을 책에 담았습니다.

친구 관계에서 꼭 필요한 대화법을 연습해 보세요

친구들과의 관계에서도 필요한 말을 잘해야 친구와 잘 지낼 수 있습니다. 특히 친구에게 부탁을 해야 하거나 거절을 해야 할 때, 기분이 나쁠 때 등 부정적인 상황에서는 어떻게 대처해야 할지 더욱 어렵습니다. 기분이 좋을 때는 너도나도 좋아 친구 사이도 매우 즐겁습니다. 하지만 스트레스 상황에 놓이거나 화가 나고 짜증 날 때는 작은 일이 큰 문제가 되곤 합니다.

즐거운 학교생활에서 가장 중요한 건 친구입니다. 친구들과 즐겁고 잘 지낼 수 있도록 다양한 친구와의 상황에서 어떻게 말하면 좋을지 연습해 보는 활동을 담았습니다. 입으로 소리 내어 말해 보고 따라 써보며 이 표현들에 익숙해질 수 있도록 연습해 보세요. 책에 실린 대화를 아이와 함께 재미나게 주고받는다면 더욱 좋겠지요.

하루에 한 장씩 부담없이 해보세요. 아이의 즐거운 1학년 생활을 응원합니다.

이 책의 구성 및 활용법

등교부터 하교까지 아이의 하루를 통해 학교생활 준비법을 배울 수 있도록 구성했어요.
아이 스스로 즐겁고 재밌게 학교생활에 필요한 기본능력을 기를 수 있도록 다양한 활동을 담았어요.
부모님의 지도가 필요한 곳에는 이서윤 쌤의 도움말이 담겨 있어요.

1부) 학교에 가요 · 12쪽

학교란 어떤 곳인지, 낯선 학교 구석구석을 소개하고 안내해요.

2부) 학교 갈 준비를 해요 · 26쪽

안전하게 등하교 하는 법, 수업 시간표 보고 책가방 챙기기, 알림장 쓰기 등을 익혀요.

3부) 즐겁게 학교생활을 해요 · 48쪽

수업 시간 중 화장실이 가고 싶을 때, 발표를 해야 할 때 등 수업 시간에 발생할 수 있는 다양한 상황에 대해 어떻게 해야 할지 알려 줘요.

4부) 친구들과 사이좋게 지내요 · 64쪽

친구 관계에서 벌어지는 다양한 상황에서 어떻게 말해야 할지 알려 주고 연습해요.

☆ 1부 ☆

학교에 가요

축하합니다!
여러분들은 이제 초등학교에 들어갑니다.
초등학교는 어떤 곳이고
무엇을 배울지, 궁금하지요?
선생님과 함께 알아봐요!

초등학교는 어떤 곳일까요?

학교는 선생님, 친구들과 함께 지내면서 공부하는 곳이에요. 유심히 그림을 살펴보며, 이곳에서 어떤 즐거운 일들이 벌어질지 상상해 보세요.

내가 입학할 초등학교의 이름을 써보세요.

초등학교

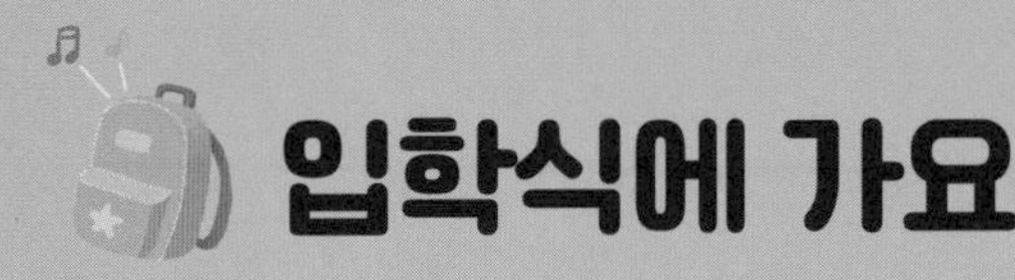

입학식에 가요

초등학생이 되어 학교에 들어가는 것을 입 학 이라고 해요.

입학을 축하하는 행사를 입 학 식 이라고 해요.

입학식에서 행동이 바르지 않은 친구를 모두 찾아 △표 하세요.

학교에서 무엇을 할까요?

초등학교에 들어가면 어떤 활동을 하게 될까요? 그림을 살펴보고 맞는 활동에 ○표 하세요.

공부를 해요.

그림을 그려요.

노래를 불러요.

설거지를 해요.

운동을 해요.

청소를 해요.

밥을 먹어요.

친구와 놀아요.

선생님과 이야기를 해요.

우유를 먹어요.

휴대폰 게임을 해요.

초등학생이 되고 나서 펼쳐질 즐거운 일들을 함께 이야기 나눠 보세요.

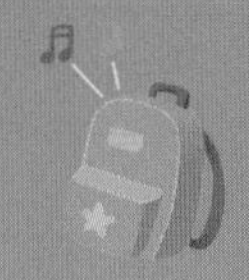

학년과 반을 알아요

초등학교에서는 학년과 반을 나누어 생활해요. 많은 학교가 반 이름을 숫자로 정하지요. 선생님의 말씀을 듣고 나의 학년과 반의 숫자를 적어 보세요.

1 - 3
1학년 3반은 1-3이라고
표시한답니다.

저는 1학년 ______ 반이에요.

우리는 표찰에 적힌 학년과 반 표시를 보고 교실을 찾아가요.

담임선생님, 친구들과 함께 공부하는 곳을  이라고 해요.

학교 안의 다양한 장소를 알아봐요

이제 학교 안으로 들어가 볼까요? 이곳은 바로 보건실이에요. 학교에서 다치거나 아플 때 보건실에 갑니다. 학교의 작은 병원이라고 생각해도 좋아요. 보건 선생님께서 치료해 주시지만, 만약 상처가 크거나 많이 아프면 부모님께 연락해서 병원에 가야 하기도 합니다. 다음 중 보건실에 가야 하는 아이는 누구일까요? ○표 해보세요.

친구와 신나게 노래를 불러요.

맛있게 점심을 먹어요.

열이 펄펄 끓어요.

운동장에서 축구를 하다가
넘어져서 피가 나요.

학교 안의 장소와 이름을 알아봐요

학교 안의 장소와 설명을 알맞게 이어 보세요.

도서실

맛있는 점심 급식을
먹는 곳이에요.

급식실

책을 읽거나
빌리는 곳이에요.

교무실

교감 선생님과
여러 선생님이
일하시는 곳이에요.

운동장

과학실

실험을 하거나
과학 수업을 들어요.

체육 수업을 하거나
친구들과 놀이를
하는 곳이에요.

학교에는 어떤 공간이 있는지 알아보며 부모님의 초등학교 시절의 추억도 들려주세요.

학교에는 누가 있을까요?

설명글을 보고 맞는 사람을 찾아보세요. 잘 모르겠을 때는 그림자 모양과 닮은 인물을 찾아 보세요.

나는
교장 선생님을
도와
일을 해요.

교장 선생님

나는 학교의
대표로 학교의
일을 결정하고
책임져요.

담임 선생님

나는 우리 반
학생들을
가르쳐요.

교감 선생님

나는
아픈 학생들을
치료해요.

영양사 선생님

나는 맛있는
급식 식단표를
짜요.

보건 선생님

나는
학교 정문에서
학생들을
안전하게
지켜요.

보안관 선생님

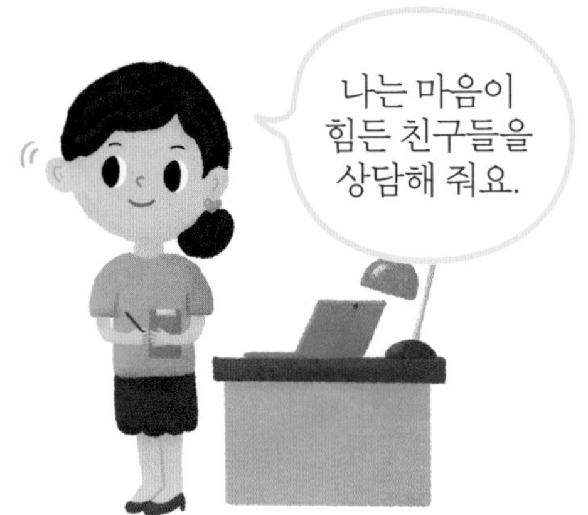

나는 마음이
힘든 친구들을
상담해 줘요.

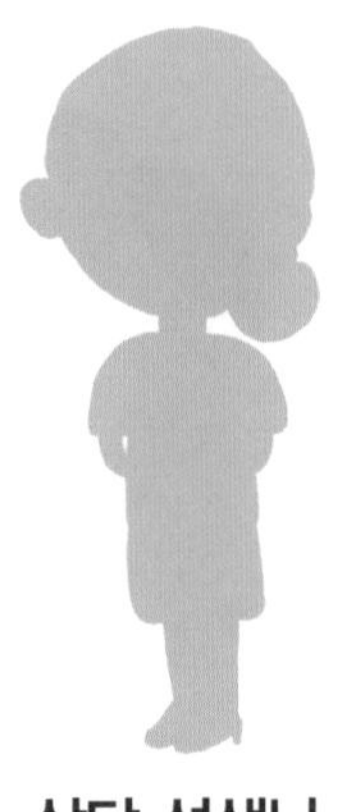

상담 선생님

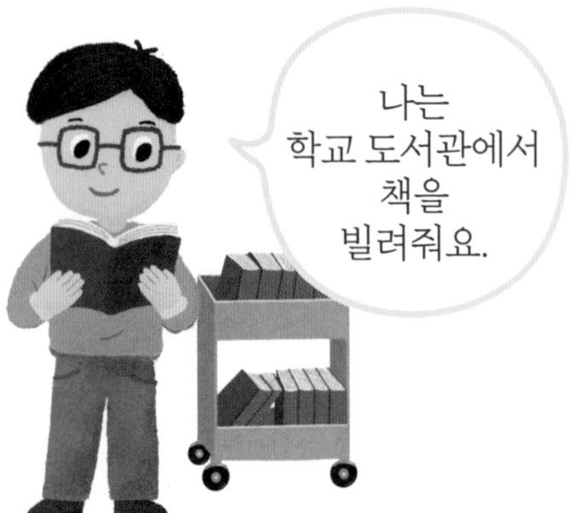

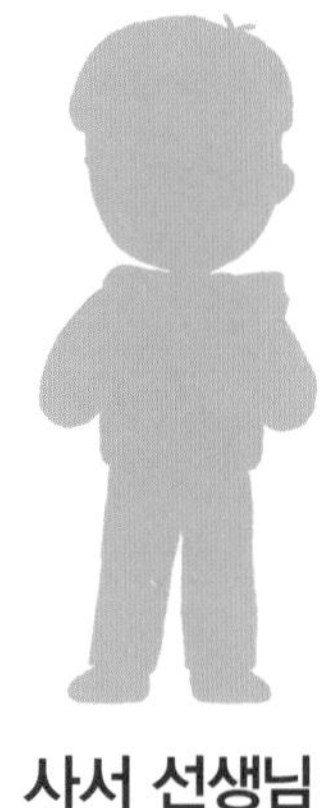

사서 선생님

교실에는 어떤 물건이 있을까요?

교실에 어떤 물건이 있을까요? 교실 물건들을 잘 살펴보고, 다음 사물을 찾아 ○표 해보세요.
교실 안의 물건들을 내 물건처럼 소중하게 다루도록 해요.

사물함 의자 쓰레기통 책상 칠판 선생님 책상

연필깎이 게시판 텔레비전

☆ 2부 ☆

학교 갈 준비를 해요

이제 학교가 어떤 곳인지 알았으니
학교에 갈 준비를
본격적으로 해볼까요?

날과 요일을 세어요

'오늘' 다음 날은 '내일'이에요. 내일의 다음 날은 뭐라고 부를까요? '오늘' 전날은 '어제'예요. 어제의 전날은 뭐라고 부를까요? 따라 써보세요.

그저께	어제	오늘	내일	모레

과거 ← 현재 → 미래

내일 학교에 가.

어제 도서관에 갔어.

그저께 놀이동산에 다녀왔어.

모레가 내 생일이야.

일주일은 모두 7일이에요. 각각의 날에는 이름이 붙어 있어요. 일주일을 무엇이라고 부르는지 알아볼까요? 따라 써보세요.

일	월	화	수	목	금	토
요일	요일	요일	요일	요일	요일	요일

'일, 월, 화, 수, 목, 금, 토.'

일주일은 7일 이에요.

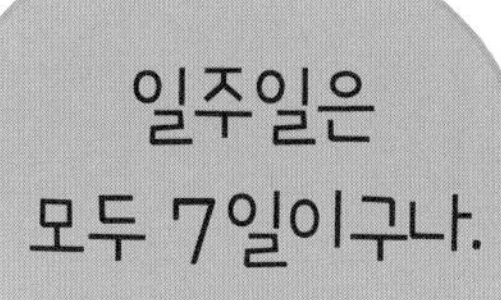
일주일은
모두 7일이구나.

7일이 지나면 또 새로운 한 주가 시작돼요.

월요일부터 금요일을 평일 이라고 해요.

토요일, 일요일을 주말 이라고 해요.

주말에는 학교에 가지 않아요.

이서윤 쌤의 입학 준비 팁

날짜와 요일 개념을 아는 것이 중요한 이유는 자신의 시간을 통제하는 감각을 길러 주기 위해서입니다. 요일마다 아이의 일정이 다를 텐데요. 일주일의 일정을 함께 이야기하고 시작하면 아이의 불안을 낮출 수 있답니다. 또 다음 페이지에 실린 달력을 보며 어떤 행사가 있는지 확인하고, 입학 후 얼마나 지났는지 이야기 나누면서 날짜 감각을 길러 줄 수 있어요.

나의 일주일 시간표(또는 해야 하는 일)를 적어 보세요.

일	
월	
화	
수	
목	
금	
토	

달력을 읽어요

달력을 보면 1월, 2월, 3월, 4월, 5월, 6월, 7월, 8월, 9월, 10월, 11월, 12월까지 있어요.

12개월을 1년 이라고 합니다.

1년이 지나면 나이가 한 살 더 많아져요.

다음 달력을 보면서 중요한 날에 ○표 해보세요.
가족 생일, 입학식, 놀러 가기로 한 날 등, 모두 좋아요.

2024

1월

일	월	화	수	목	금	토
	1	2	3	4	5	6
7	8	9	10	11	12	13
14	15	16	17	18	19	20
21	22	23	24	25	26	27
28	29	30	31			

2월

일	월	화	수	목	금	토
				1	2	3
4	5	6	7	8	9	10
11	12	13	14	15	16	17
18	19	20	21	22	23	24
25	26	27	28	29		

3월

일	월	화	수	목	금	토
					1	2
3	4	5	6	7	8	9
10	11	12	13	14	15	16
17	18	19	20	21	22	23
24	25	26	27	28	29	30
31						

4월

일	월	화	수	목	금	토
	1	2	3	4	5	6
7	8	9	10	11	12	13
14	15	16	17	18	19	20
21	22	23	24	25	26	27
28	29	30				

5월

일	월	화	수	목	금	토
			1	2	3	4
5	6	7	8	9	10	11
12	13	14	15	16	17	18
19	20	21	22	23	24	25
26	27	28	29	30	31	

6월

일	월	화	수	목	금	토
						1
2	3	4	5	6	7	8
9	10	11	12	13	14	15
16	17	18	19	20	21	22
23	24	25	26	27	28	29
30						

7월

일	월	화	수	목	금	토
	1	2	3	4	5	6
7	8	9	10	11	12	13
14	15	16	17	18	19	20
21	22	23	24	25	26	27
28	29	30	31			

8월

일	월	화	수	목	금	토
				1	2	3
4	5	6	7	8	9	10
11	12	13	14	15	16	17
18	19	20	21	22	23	24
25	26	27	28	29	30	31

9월

일	월	화	수	목	금	토
1	2	3	4	5	6	7
8	9	10	11	12	13	14
15	16	17	18	19	20	21
22	23	24	25	26	27	28
29	30					

10월

일	월	화	수	목	금	토
		1	2	3	4	5
6	7	8	9	10	11	12
13	14	15	16	17	18	19
20	21	22	23	24	25	26
27	28	29	30	31		

11월

일	월	화	수	목	금	토
					1	2
3	4	5	6	7	8	9
10	11	12	13	14	15	16
17	18	19	20	21	22	23
24	25	26	27	28	29	30

12월

일	월	화	수	목	금	토
1	2	3	4	5	6	7
8	9	10	11	12	13	14
15	16	17	18	19	20	21
22	23	24	25	26	27	28
29	30	31				

3월에 우린 처음으로 학교에 가요. 3월의 달력을 자세히 살펴볼까요?

3월

일	월	화	수	목	금	토
					1	2
3	4	5	6	7	8	9
10	11	12	13	14	15	16
17	18	19	20	21	22	23
24	25	26	27	28	29	30
31						

＊ 입학식 하는 날에 동그라미 해주세요.

＊ 3월 7일은 무슨 요일인가요?

＊ 3월은 며칠까지 있나요?

학교 갈 준비하기

아침에 일어나면 학교 갈 준비를 해요. 학교 갈 준비를 잘하고 있는 친구를 찾아 ○표 해주세요. 잘 준비하고 있는 아이는 모두 5명이에요. 준비가 바르지 않은 아이는 무엇이 잘못되었는지도 이야기해 보세요.

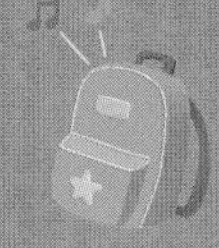

날씨에 맞는 옷을 입어요

날씨가 따뜻한 계절도 있고 추운 계절도 있어요. 우리 몸을 안전하게 보호하기 위해서는 계절과 날씨에 맞는 옷을 입고 학교에 가야 해요. 다음 그림을 보고 계절에 맞지 않은 옷차림에 체크하세요.

더울 때

더운 날에는 소매 없는 옷이나 반팔을 입어요. 하의는 치마나 반바지를 입어요. 햇볕을 막을 수 있는 모자를 써요.

어떤 차림이 잘못되었나요? 그림에 ○표 하세요.

추울 때

추운 날에는 얇은 긴팔 옷을 여러 개 겹쳐 입어요. 긴바지를 입거나 치마에 스타킹을 신어요. 장갑이나 털모자, 목도리로 몸을 따뜻하게 해요. 코트나 두꺼운 잠바를 입어요.

어떤 차림이 잘못되었나요? 그림에 ○표 하세요.

비 올 때

우산을 챙겨요. 비옷을 입고, 장화를 신어요.

어떤 차림이 잘못되었나요? 그림에 ○표 하세요.

물건마다 이름을 써요

물건에 자신의 이름을 써요. 그래야 잃어버려도 쉽게 찾을 수 있답니다.

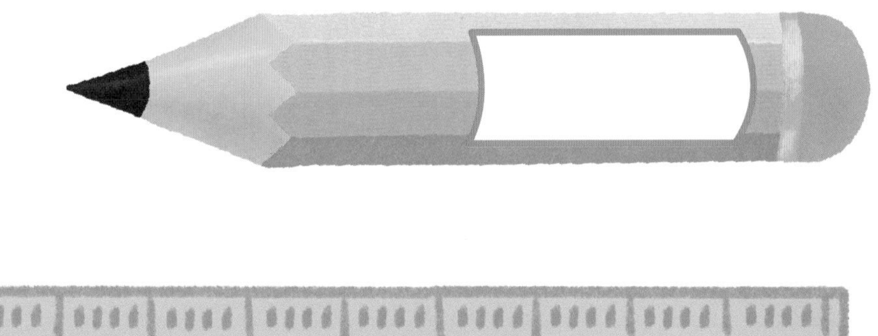

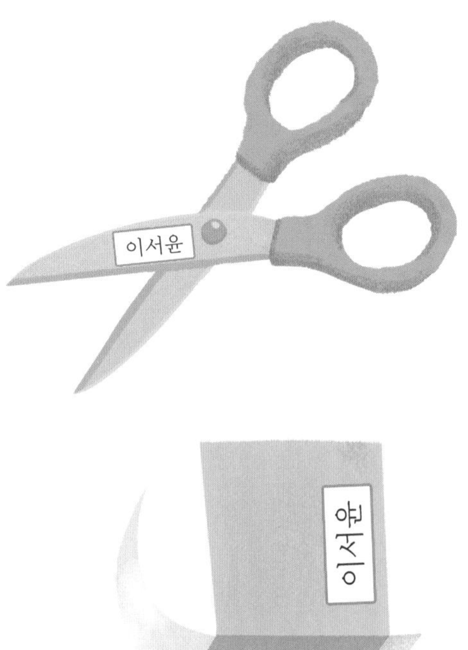

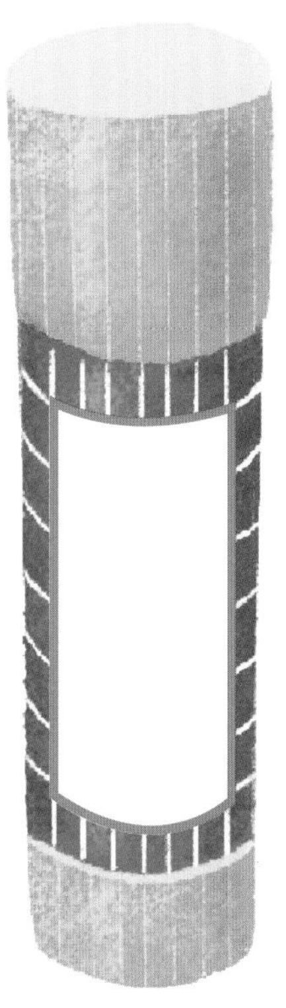

자기 물건에 이름을 쓰는 것은 중요해요. 물건을 소중하게 여기고 잘 챙기는 습관을 길러 주세요. 단 아이 학용품에 이름을 쓸 때 주의해야 할 점이 있습니다. 이름이 겉으로 드러나면 범죄의 표적이 될 수 있어요. 아이의 이름이 겉으로 드러나지 않게 책가방과 실내화 등에는 안쪽에 적어야 해요.

수업 시간표를 알아봐요

교과서 이름을 따라 써보세요.

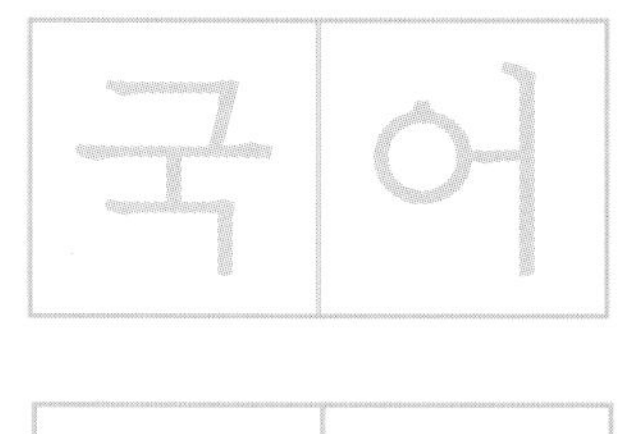

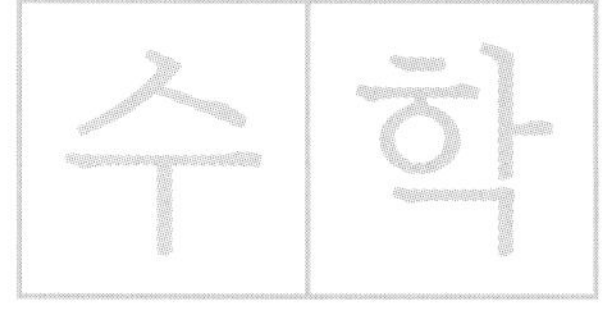

2022 개정 교육과정을 반영한 새 교과서는 2024년에 나와요. 2024년에 입학하는 아이들은 새로운 교과서로 공부를 하게 된답니다.

초등학교에서는 정해진 시간표에 따라 생활해요.

시간표 예시

	월요일	화요일	수요일	목요일	금요일
1교시	통합 교과	국어	국어	국어	통합 교과
2교시	통합 교과	수학	국어	수학	통합 교과
3교시	수학	창의적 체험활동	통합 교과	통합 교과	국어
4교시	국어	통합 교과	통합 교과	통합 교과	국어
점심시간					
5교시		통합 교과		창의적 체험활동	창의적 체험활동

시간표를 보고 아이가 내일 챙겨야 하는 교과서에 ○표 하세요.

수학 익힘 1-1 이름

국어 1-1 이름

통합 교과 1-1 이름

내일은 수요일이야. 어떤 책을 챙겨야 하지?

시간표 구성은 담임 재량으로 학급마다 달라요. 창의적 체험활동 시간에는 각 반의 담임 선생님께서 자율 활동, 동아리 활동, 봉사 활동, 진로 활동 등의 수업을 해요.

책가방을 스스로 챙겨요

학교에 가지고 다니는 학용품에는 어떤 것들이 있을까요? 그림으로 학용품을 확인하고 이름을 따라 써보며 친숙해지는 시간을 가져 보세요.

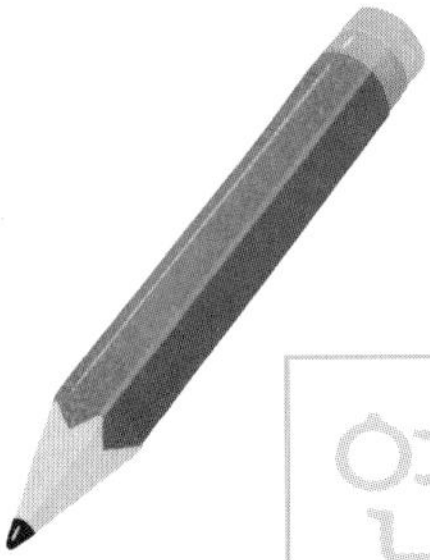

연필

지우개

공책

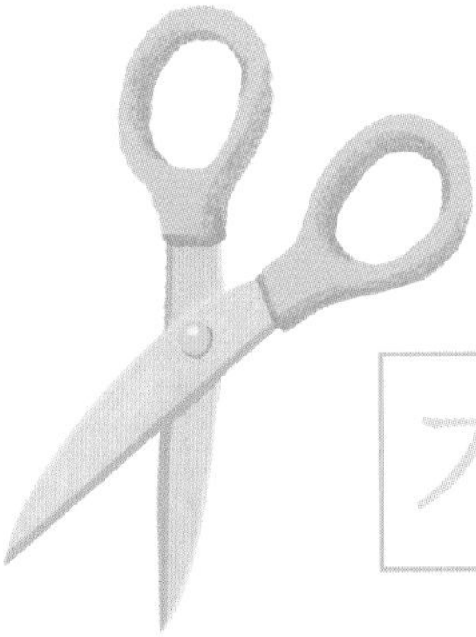

가위

필통

풀

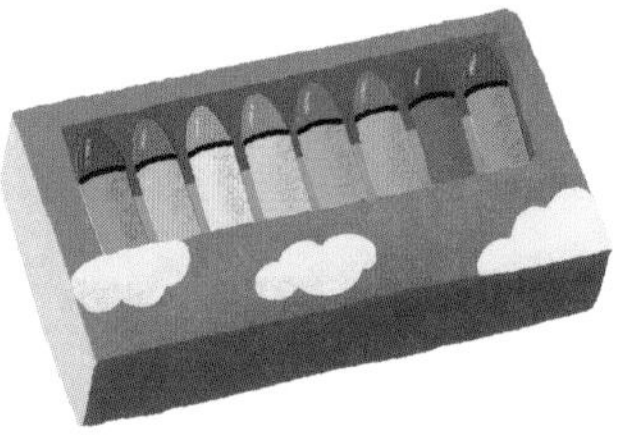

크레파스

학용품에는 어떤 것들이 있을까?

알림장을 보고 준비물을 챙겨요

마지막 수업이 끝나고 하교 전에 선생님과 함께 숙제와 준비물 등을 '알림장'에 적어요. 알림장을 보고 다음 페이지에서 내일 챙겨 가야 할 준비물을 모두 찾아 ○표 하세요.

3 월 13 일 수 요일	선생님 확 인	부모님 확 인
우유곽 가져 오기		
색연필 가져 오기		
수학 익힘책 3쪽 풀어 오기		

아이 스스로 가방을 챙기지 않고 부모님이 대신 챙겨 주는 경우가 있습니다. 스스로 챙기는 기회를 주세요. 불안한 마음에 도와주고 싶어지지만, 부모님이 믿어 주시는 만큼 잘하게 된답니다.

수학
익힘 1-1
이름
국어
1-1
이름
10
풀
선생님이
챙겨 오라고
하셨던 게…….
MILK

알림장 따라 쓰기를 연습해요

선생님께서 보여 주시는 알림장을 보고 따라 적어 보세요.

월 일 요일	선생님 확 인	부모님 확 인

안전하게 등하교 해요

맛있는 사탕을 준다고? 따라가야 하나?

횡단보도 신호등이 깜빡이네. 다음 신호를 기다려야지.

신호등이 빨간불이어도 차가 없으니 건너야지.

친구랑 장난치면서 가니까 재밌다.

손을 들고 좌우를 살피며 걸어야지.

큰 차 뒤로 숨어서 가야지.

다음 중 안전하게 학교에 가는 친구를 찾아 ○표 하세요. 여러 상황을 표현하기 위해 한 장면에 신호등 색을 다르게 표시했어요.

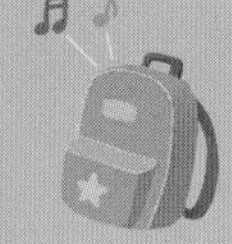

우산을 바르게 써요

비가 오는 날에는 우산을 쓰고 학교에 오고 갑니다. 친구들의 우산 사용법을 보고 올바로 쓴 친구에게는 ○표, 잘못 쓴 친구에게는 △표 하세요.

옆에 사람이 없을 때 아래로 비스듬히 기울여 우산을 펼쳐요.

친구를 향해 우산을 펼쳐요.

앞으로 기울여서 눈을 가리고 우산을 써요.

우산을 위로 곧게 세워서 써요.

물웅덩이를 첨벙첨벙 밟아
친구에게 빗물을 튕겨요.

물웅덩이를 피해서
조심히 걸어가요.

비가 그치면 우산을 접고
우산 띠로 감아 똑바로 세워 들어요.

우산으로 친구들과 장난쳐요.

☆ 3부 ☆

즐겁게 학교생활을 해요

드디어 학교에 왔습니다.
안전하고 즐겁게
학교생활을 하기 위해서는
어떻게 하면 좋을까요?
선생님과 함께 배워 봐요.

교실 규칙을 알아봐요

다음 교실 규칙을 읽고, 그 규칙을 잘 지킨 그림에는 ○표, 그렇지 않은 그림에는 △표 하세요.

✳ 학교에 도착하면 먼저 책가방을 책상에 걸어요.

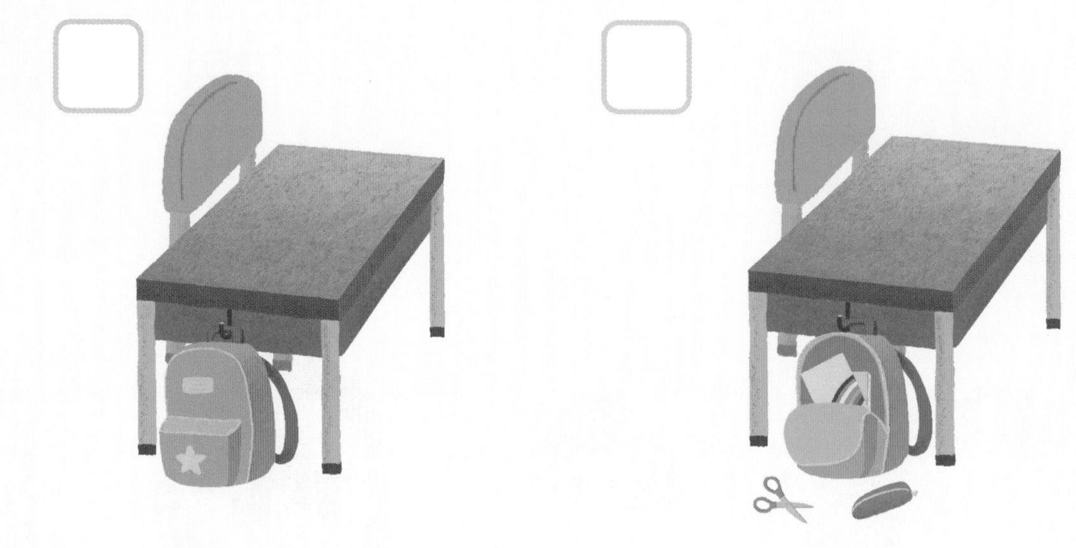

✳ 교실을 깨끗하게 정리해요.

수업 시간을 준비해요

드디어 쉬는 시간이 되었어요. 다음 중 수업 준비를 잘하고 있는 친구를 찾아 ○표 하세요.

쉬는 시간은 10분이에요. 쉬는 시간은 노는 시간이 아니라 다음 수업을 준비하는 시간입니다.

우리 축구하고 오자!
다음 시간 교과서와 준비물을 책상 위에 가져다 놓아야지.

화장실에 가고 싶은데 놀고 싶으니 참아야겠어.

미리 화장실에 다녀와야지.
엄마가 보고 싶어. 전화해야지.

오늘 필요한 교과서를 모두 책상 위에 올려놓으면 편하겠지?

바른 자세로 수업을 들어요

바른 자세로 앉아 수업을 들어야 해요. 다음 중 바른 자세로 듣고 있는 친구를 찾아 ○표 하세요.

수업 시간에는 똑바른 자세로 앉아야 합니다. 책상 위에 엎드리거나 턱을 괴고 앉으면 수업 중 선생님의 설명을 받아 적을 수 없어요. 또 다른 친구와 이야기를 나누면 수업에 방해가 되어요. 수업 시간 내내 집중할 수는 없겠지만, 창밖을 보는 등 다른 행동을 하지 않도록 주의해야 해요.

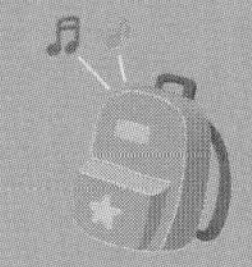

실내에서 안전하게 지내요

1학년 교실의 쉬는 시간 모습입니다. 위험한 행동을 하고 있는 친구를 찾아 △표 하세요. 왜 위험하다고 생각했는지 이야기도 나눠 보세요.

운동은 꼭 운동장에서 해야 하고, 친구를 괴롭히거나 위험한 장난은 하지 말아야 해요.

학용품을 바르게 써요

학용품을 위험하게 사용하는 행동을 찾아 △표 하세요. 그 후 학용품 안전 사용 다짐을 해보세요.

학용품 안전 사용 다짐

초성을 보고 나머지 글자를 채운 뒤 다짐해요.

* ㅈ ㅇ를 사용할 때는 가장자리에 손을 베이지 않도록 조심해요.
* 사인펜, 색연필, 크레파스는 바닥에 굴러다니지 않게 케이스에 잘 넣어 정리해요.
* 가위를 건네줄 때는 ㅅ ㅈ ㅇ가 받는 사람을 향하도록 해요.
* ㅇ ㅍ은 한쪽만 깎아 사용해요.
* 풀은 사용하고 ㄸ ㄲ을 덮어요.
* 클레이나 지우개 등 물건을 절대 던지지 않아요.

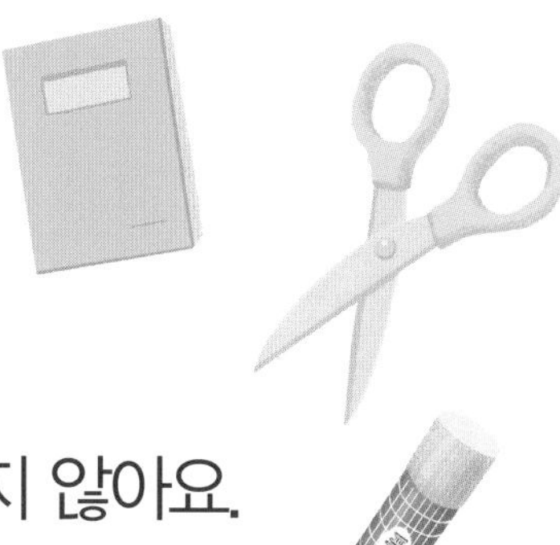

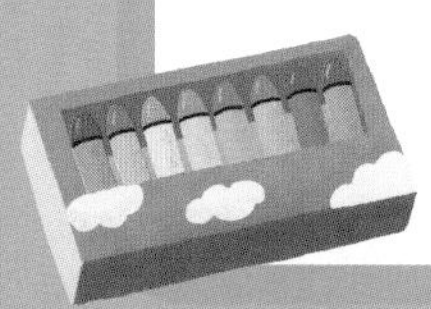

정답 : 종이, 손잡이, 연필, 뚜껑

씩씩하게 발표해요

선생님과 친구들 앞에서 발표할 때 어떻게 하면 좋을까요? 바르게 발표하는 태도를 찾아 ○표 하세요.

부끄러우니 손을 슬며시 들어요.

손을 바르게 번쩍 들어요.

너무 작게 말해서 친구들에게
잘 들리지 않아요.

자리에 서서 큰 목소리로 발표해요.

궁금한 것이 생기면 이렇게 해요

수업 시간 중에 궁금한 것이 생겼을 때 어떻게 하면 좋을까요? 정답이라고 생각하는 그림에 ○표 하세요.

잘 모르는데 부끄러우니까 넘어가야겠다.

너무 궁금해. 바로 여쭤봐야지. 저요! 저요!

선생님 말씀이 끝났네. 질문해야지.

적어 놨다가 쉬는 시간에 선생님께 여쭤봐야지.

짝과 함께 잘 지내요

내 옆에 앉아서 같이 공부하는 친구를 '짝', '짝꿍'이라고 합니다. 짝과 바르게 지내는 친구를 찾아 ○표 하세요.

아침에 만나면 인사해요.

짝꿍을 놀리고 장난쳐요.

모르는 게 있으면 물어보고 답해 줘요.

서로 물건을 빌려줘요.

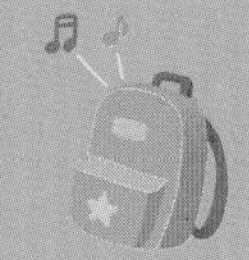

모둠 친구들과 함께 잘 지내요

함께 공부할 수 있도록 여러 친구들이 모여 있는 것을 '모둠'이라고 합니다. 바른 태도로 모둠 활동을 하는 친구를 찾아 ○표 하세요.

그냥 혼자 하고 싶은데.
모둠 활동 하기 싫어…….

친구들이 하니까
난 안 해도 되겠지.

내 마음대로 할 거야!

우리 서로 의견이 다른데,
가위바위보로
정하는 건 어때?

모둠 활동을 할 때 친구의 의견과 나의 의견을 잘 조율하기 위해서는 가정에서도 자신의 의견을 주장하고 협상해 본 경험이 있어야 합니다. 자신의 의견을 편안하게 말할 수 있는 분위기를 만들어 주세요.

주변을 정리해요

교실은 우리 모두가 함께 사용하는 공간이기 때문에 깨끗하게 사용해야 합니다. 정리가 잘 되어 있을수록 공부 집중력도 올라간답니다. 다음 그림을 보고 잘 정리된 그림을 찾아 ○표 하세요.

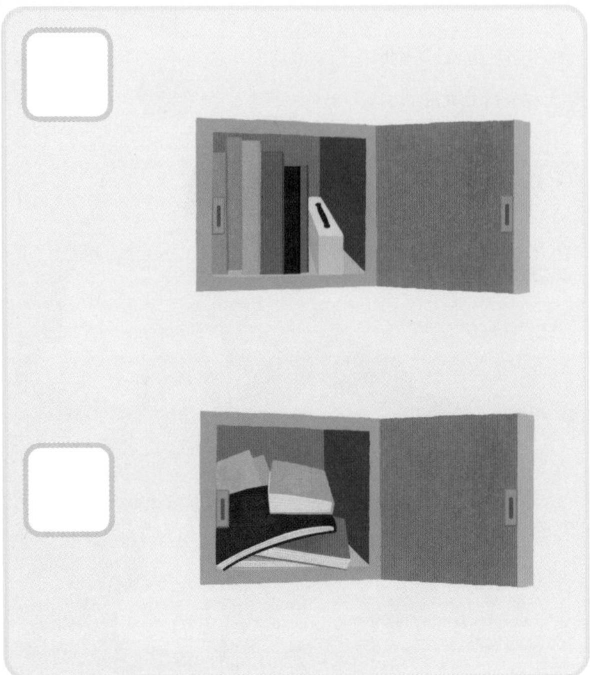

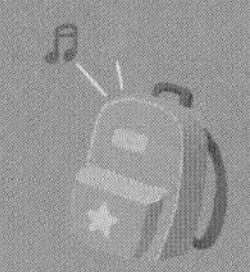

화장실을 바르게 이용해요

화장실을 바르게 사용한 친구를 찾아서 ○표 하세요. 무엇이 잘못되었는지도 함께 이야기 나눠 보세요.

볼일을 보고 물을 안 내리고 가요.

손을 씻은 뒤 수도꼭지를 잠그지 않고 가요.

손에 묻지 않도록 휴지를 잔뜩 뜯어 사용해요.

줄을 서서 차례를 기다려요.

수업 중 화장실을 가고 싶으면 이렇게 해요

수업 시간에 화장실이 가고 싶어지면 어떻게 해야 할까요? 다음 그림을 보고 올바른 태도를 찾아서 ○표 하세요.

꾹 참아요.

손을 들어 선생님께 말씀드리고 화장실에 가요.

짝꿍에게 말하고 화장실에 가요.

몰래 화장실에 가요.

우유곽을 스스로 열어 봐요

학교에서 우유 먹기를 신청한 친구는 우유를 먹어요. 이때 우유곽을 스스로 열 줄 알아야 해요. 우유곽을 여는 순서대로 번호를 써넣고, 집에서 우유곽을 혼자 여는 연습을 해봐요.

MILK

MILK

MILK

자기 할 일을 스스로 하는 연습을 충분히 해주세요. 먼저 부모님이 하는 방법을 보여 주세요. 물론 도움을 요청하면 선생님께서 친절하게 도와주시니 겁먹지 않아도 돼요.

☆ 4부 ☆

친구들과 사이좋게 지내요

설레기도 하고 긴장되기도 하는
학교 친구들과의 생활,
어떻게 나를 지키면서도
사이좋게 지낼 수 있을까요?
선생님과 함께 미리 연습해 봐요.

인사를 해요

다양한 상황에서 인사말을 알아봐요. 빈칸을 채워서 어떻게 인사해야 할지 말해 보세요.

＊ 학교 갈 때 엄마께 인사를 해요.

＊ 길에서 어른을 만나면 인사해요.

✳ 학교에서 친구를 만나면 인사를 해요.

✳ 복도에서 다른 반 선생님을 만나면 인사해요.

＊ 급식실에서 배식 받을 때 인사해요.

＊ 학교가 끝나면 선생님께 인사를 드리고 하교해요.

자기소개를 해요

친구들을 처음 만나면 나에 대해 소개를 합니다. 친구들의 소개를 보고 소개하는 방법에 대해 알아봐요.

안녕하세요. 제 이름은 이서윤입니다. 제가 좋아하는 음식은 짜장 떡볶이입니다. 잘하는 것은 종이접기입니다. 하늘색을 좋아하고, 슬라임 놀이를 하는 것을 좋아합니다. 저는 커서 유치원 선생님이 되고 싶습니다.

안녕하세요. 저는 김도훈입니다. 저는 피자와 치킨을 좋아합니다. 왜냐하면 바삭하고 고소하기 때문입니다. 저는 줄넘기와 태권도를 잘합니다. 무지개색을 좋아합니다. 자동차 놀이는 어렸을 때부터 좋아했는데 지금도 좋아합니다. 저는 커서 아나운서가 되고 싶습니다.

친구들 앞에서 할 자기소개를 연습해 봐요.

자기소개서

내 이름

내 얼굴 그리기

내가 좋아하는 음식

내가 좋아하는 놀이

내가 좋아하는 색

내가 잘하는 것

커서 하고 싶은 일

친구에게 바르고 고운 말을 써요

친구에게 말해 주면 좋을 예쁘고 고운 말을 찾아 노란색으로 칠해 보세요.

미안해.

돼지래요!

내가 도와줄게.

짜증 나.

우리 친하게 지내자.

넌 빠져.

고마워.

다 같이 함께하자.

쟤 좀 이상하지 않니?

우리 같이 놀래?

넌 할 수 있을 거야.

넌 못하잖아.

힘들었겠다.

친구에게 이렇게 말해요

다음과 같은 상황에서는 어떻게 말하면 좋을까요? 직접 따라 써보고 소리 내어 연습해 봐요.

＊ 친구가 놀릴 때

따라 쓰고 말해 볼까요?

"나도 같이 놀자."

* 하기 싫은 것을 친구가 자꾸 시킬 때

따라 쓰고 말해 볼까요?

"나는 하고 싶지 않아. 나한테 계속 강요하면 기분이 좋지 않아."

* 친구가 같이 놀자고 할 때

따라 쓰고 말해 볼까요?

* 같이 놀고 싶을 때

"그래, 알았어. 좋아."

* 같이 놀고 싶지 않을 때

"미안, 지금은 별로 같이 놀고 싶지 않아."

* 거절했는데도 계속 같이하자고 할 때

따라 쓰고 말해 볼까요?

"지금은 내가 할 기분이 아니야. 내 마음도 존중해 주면 좋겠어."

* 친구가 놀릴 때

따라 쓰고 말해 볼까요?

"놀리지 마. 내가 너 놀리면 너도 기분 나쁘잖아."

✻ 친구가 새치기할 때

따라 쓰고 말해 볼까요?

"내가 먼저 줄 서서 기다리고 있었어. 순서를 지켜 줬으면 좋겠어."

✳ 친구가 놀이 규칙을 지키지 않을 때

따라 쓰고 말해 볼까요?

"규칙을 지켜 줬으면 좋겠어.
그래야 재미있게 할 수 있어."

* 친구가 나만 빼고 놀자고 다른 친구들에게 말할 때

따라 쓰고 말해 볼까요?

"다른 친구들한테 그렇게 말하지 않았으면 좋겠어.

* 친구에게 물건을 빌리고 싶을 때

따라 쓰고 말해 볼까요?

"친구야, 나 빌려줄 수 있어?"

* 친구가 허락을 받지 않고 내 물건을 가져갈 때

따라 쓰고 말해 볼까요?

"나한테 물어보고 가져가 줄래?"

* 친구가 모둠 활동을 함께하지 않을 때

따라 쓰고 말해 볼까요?

"네가 안 하니까 우리가 힘들어. 같이하자."

✳ 친구가 나 때문에 졌다고 화를 낼 때

따라 쓰고 말해 볼까요?

"나도 속상해. 일부러 그런 거 아니니깐 그만해 줬으면 좋겠어."

* 친구에게 사과했는데 받아 주지 않을 때

따라 쓰고 말해 볼까요?

"미안해. 마음이 풀리면 말해 줘."

* 화낼 일이 아닌 것 같은데 친구가 화를 낼 때

왜 이쪽으로
오고 그래.

왜 나한테
자꾸 화내는 거야.

따라 쓰고 말해 볼까요?

"왜 화를 내고 그래. 나한테
화낼 일은 아닌 것 같아."

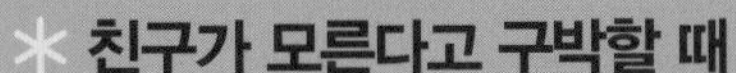

따라 쓰고 말해 볼까요?

"모르는 게 있을 수도 있지. 너도 다 아는 건 아니잖아. 그렇게 말하면 너무 속상해."

✳ 친구가 못한다고 할 때

따라 쓰고 말해 볼까요?

"사람마다 잘하는 게 달라. 너도 못 하는 거 있잖아. 그렇게 말하면 기분이 안 좋아."

✻ 친구가 나만 빼고 귓속말할 때

따라 쓰고 말해 볼까요?

"옆에 사람 놔두고 귓속말하면 기분 나빠. 그렇게 하지 말아 줬으면 좋겠어. 꼭 둘이 할 이야기는 나 없을 때 해."

* 선생님께 도움을 요청할 때 ❶

따라 쓰고 말해 볼까요?

"선생님, 혼자 해봤는데 잘 안 돼요. 도와주세요."

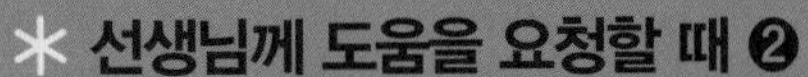

따라 쓰고 말해 볼까요?

"선생님, 친구에게 하지 말라고 말했는데 계속 놀려서 너무 힘들어요. 도와주세요."

정답

15쪽 16쪽 17쪽 19쪽

20쪽 21쪽 22쪽 23쪽

24쪽 25쪽 33쪽 34쪽

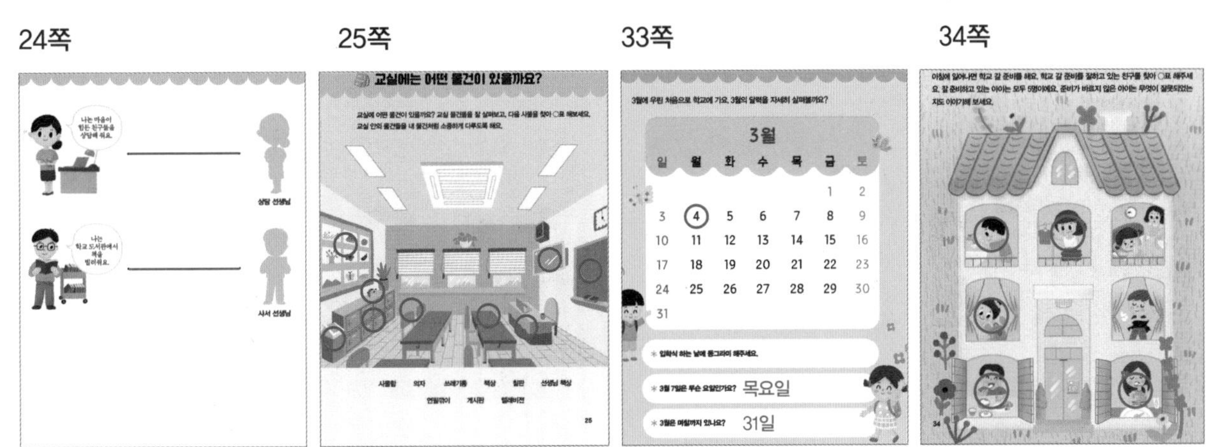

35쪽

39쪽

42쪽

44쪽

46쪽

47쪽

50쪽

51쪽

52쪽

53쪽

54쪽

56쪽

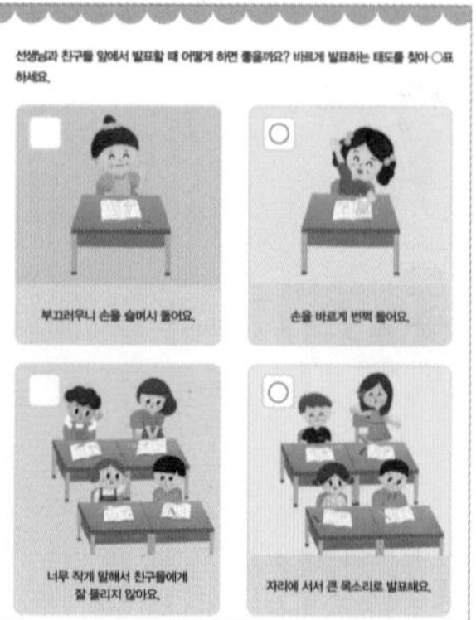

57쪽

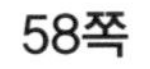

58쪽

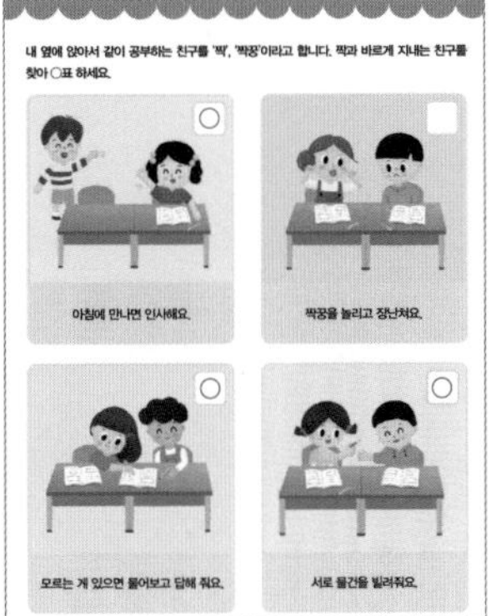

59쪽

60쪽

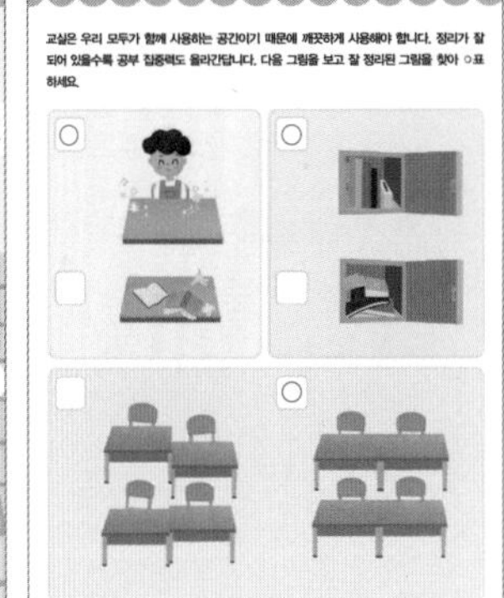

61쪽

62쪽

63쪽

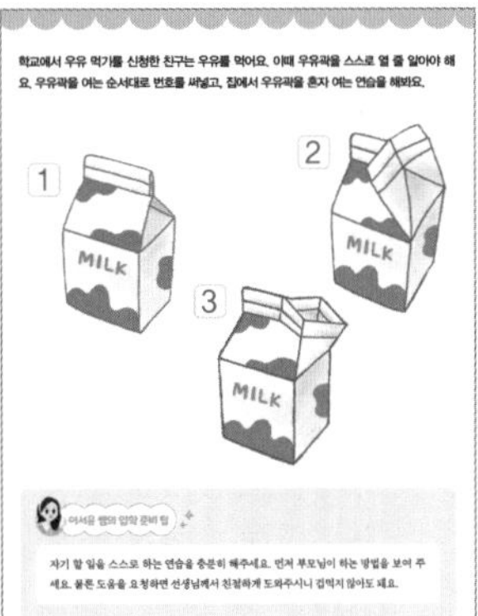
1
2
3
MILK
MILK
MILK

66쪽

엄마,
학교 다녀오겠습니다.
안녕하세요.

67쪽

안녕!
안녕. 좋은 아침이야.
선생님, 안녕하세요.

68쪽

감사합니다.
잘 먹겠습니다.
선생님, 안녕히 계세요.

이서윤 쌤의 아이 스스로 하는 초등 입학 준비 : 학교생활

초판 1쇄 인쇄 2023년 12월 1일
초판 1쇄 발행 2023년 12월 15일

지은이 이서윤
펴낸이 김종길 **펴낸 곳** 글담출판사 **브랜드** 글담출판

기획편집 이경숙 · 김보라 **영업** 성홍진
디자인 손소정 **마케팅** 김지수 **관리** 이현정

출판등록 1998년 12월 30일 제2013-000314호
주소 (04029) 서울시 마포구 월드컵로8길 41 (서교동 483-9)
전화 (02) 998-7030 **팩스** (02) 998-7924
블로그 blog.naver.com/geuldam4u **이메일** to_geuldam@geuldam.com

ISBN 979-11-91309-52-2 (03370)

책값은 뒤표지에 있습니다.
잘못된 책은 바꾸어 드립니다.

만든 사람들
책임편집 이경숙 **디자인** 정현주 **일러스트** 박경아

글담출판에서는 참신한 발상, 따뜻한 시선을 가진 원고를 기다리고 있습니다. 원고는 글담출판 블로그와 이메일을 이용해 보내주세요. 여러분의 소중한 경험과 지식을 나누세요.